안전을 책임지는 책

초판 1쇄 2013년 10월 8일 | 초판 8쇄 2022년 7월 25일

글 채인선 | **그림** 윤진현 | **책임 편집** 표유진 | **디자인·손글씨** 윤현이 | **마케팅** 강백산, 강지연

펴낸이 이재일 | **펴낸곳** 토토북 04034 서울시 마포구 양화로11길 18, 3층(서교동, 원오빌딩)

전화 02-332-6255 **팩스** 02-332-6286 **홈페이지** www.totobook.com **전자우편** totobooks@hanmail.net

출판등록 2002년 5월 30일 제10-2394호

ISBN 978-89-6496-161-2   73500

ⓒ 채인선, 윤진현 2013

이 책은 저작권법에 의해 보호를 받는 저작물이므로 무단 전재 및 무단 복제를 금합니다.
잘못된 책은 바꾸어 드립니다.

제품명: 안전을 책임지는 책	**제조자명**: 토토북	**제조국명**: 대한민국	**전화**: 02-332-6255
주소: 서울시 마포구 양화로11길 18, 3층(서교동, 원오빌딩)		**제조일**: 2022년 7월 25일	**사용연령**: 8세 이상

* KC 인증 유형: 공급자 적합성 확인
* KC마크는 이 제품이 공통안전기준에 적합하였음을 의미합니다.

⚠ **주의** 책의 모서리에 다치지 않게 주의하세요.

모두 안전하게 자라서 어른이 되자!

안전을 책임지는 책

채인선 글 | 윤진현 그림

www.totobook.com

차 례

안전은 똑바로 걷는 것부터 8
날카롭고 뾰족한 것 주의! 10
앗, 뜨거! 12
찢고 부딪치고 끼고 긁히고 14
떨어지면 다쳐요 16
머리는 특별히 조심! 17
다들 어디 갔지? 18
바깥 활동 할 때, 여러분 잠깐만! 20
응급 처치 22
구급상자 23
나쁜 습관 이제 그만! 24
불이 났어요! 26
교통안전 28
낯선 사람이 말을 건넬 때 32
집까지 안전하게 34
나 홀로 집에 36
똑똑하게 전화 받는 법 38
엄마, 아빠 손을 놓쳤어요 40
마음을 건강하게 가꾸어요 42
안전 지킴이 44

[부록]

어른들만 보세요 48
내가 만드는 안전 표식 51

안전은 똑바로 걷는 것부터

앞을 보며 가슴을 쭉 펴고 씩씩하게!

그래야 어디에서 멈춰야 할지, 어디에 위험물이 있는지 알 수 있어요. 신호등이 있는지, 언제 길을 건너야 하는지도 알 수 있어요. 걸을 때는 시선을 앞에 두고 종종 주위를 살피며 똑바로 걸어요.

보조를 맞추어 걸어요

복잡한 길에서는 나 혼자 빨리 걷거나 나 혼자 늦게 걸으면 곤란해요. 남과 부딪쳐 다칠 수 있어요.

내리막길에서는 할머니 걸음

자동차를 운전할 때도 내리막길에서는 미리 속도를 줄입니다. 걷기도 운전과 같아요. 속도를 줄이고 천천히, 천천히!

문어처럼 흐느적흐느적?

문어는 우리처럼 꼿꼿한 다리가 없어서 흐느적대는 거예요. 문어를 따라 한다고요? 남들이 오해해요.

날카롭고 뾰족한 것 주의!

칼을 쓸 때는 정신을 똑바로 차려요
연필을 깎거나 종이를 자르다가, 방심하면 쓰윽…….
어른들도 칼을 사용하다가 손가락을 베입니다.
칼은 모두 위험해요.

알루미늄 깡통 뚜껑은 딸 때도 조심해야 하지만 버릴 때도 조심해야 합니다. 뚜껑을 깡통 안으로 쑥 밀어 넣은 뒤 버려요.

우산은 실내에서 펴지 말아요. 꼭지에 찔릴 수 있으니까요. 우산을 들고 다닐 때도 주의하세요.

유리가 깨지면 와장창하면서 유리 조각이 사방으로 튑니다. 유리 조각을 밟으면 조각이 살을 파고 들어가 굉장히 아파요.

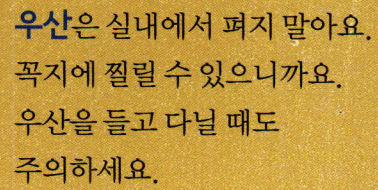
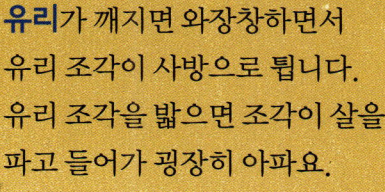

바늘은 길고 뾰족해요. 아무 데나 두었다가 손을 찔리면 무척 아프겠죠? 압정과 못도 조심해야 해요.

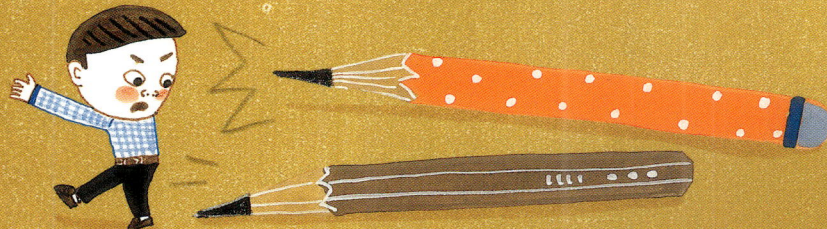

연필로 장난을 치다가 연필심에 찔리면 아파요. 잘못해서 눈을 찔리면 영영 눈을 못 쓸 수도 있어요.

빗자루와 먼지떨이는 칼이나 창이 아니에요. 청소를 하며 칼이나 창처럼 흔들어 댄다면 곧이어 울음소리가 터져 나올 거예요.

앗, 뜨거!

다리미는 어른도 조심!
어른이 다리미질을 할 때 아이들은 멀찍이 떨어져 있는 게 좋습니다. 콘센트에서 플러그를 뺀 다리미도 뜨거울 수 있으니 손대지 말아요!

불이 있는 가스레인지는 접근 금지!
가스레인지 위에서 무엇인가 끓고 있다면 다가가지 말아요. 불이 꺼져 있어도 방금 불을 껐다면 주전자가 아직 뜨거워요. 손을 살짝 대어 보아 뜨거운지 식었는지 확인하고 물을 따라요.

뜨거운 기름과 전기밥통
기름은 아무리 가열해도 김이 나지 않아요. 그래서 종종 기름에 손을 데는 일이 일어납니다. 전기밥통에서 증기가 배출될 때도 주의해야 해요.

이런!
뜨거운 국을 엎질렀어요.

수돗물을 틀 때
수도꼭지는 찬물 방향에서 더운물 방향으로 틀어요. 무심코 틀었다가 갑자기 뜨거운 물이 쏟아지면 놀라고 당황하겠죠?

어디서 타는 냄새가?
춥다고 전기난로 가까이에 있다가 자기도 모르게 옷을 태울 수 있어요. 심지어 뜨거운 열기에 몸을 델 수도 있답니다.

찧고 부딪치고 끼고 긁히고

문 가까이에서 놀지 마세요
잘못하면 문틈에 손가락이나 발가락을 찧어요. 그러면 정말 쓰라리고 아프답니다. 아기 동생도 조심시켜요.

아이구, 아야!

무거운 것을 들 때는 팔에 힘을 주고 정신을 집중해요. 딴생각하다가 떨어뜨리면 내 발만 아파요.

구멍에 손가락이 끼었어요

좁은 틈이나 유리병에 손가락을 넣을 때는 손가락이 빠지지 않을 수도 있다는 것을 알아야 해요. 하지만 너무 걱정하지 말아요. 간단한 경우에는 비누 거품으로 뺄 수 있어요.

가구는 아무 잘못이 없어요

급하게 몸을 움직이다가 책상 모서리에 부딪친 적은 없나요? 책상을 탓하지 말아요. 집 안에서 덤벙대며 뛰어다니는 우리 몸이 잘못한 거예요.

고양이 발톱

고양이는 위협을 받았다고 느끼거나 귀찮게 하면 발톱을 들이대죠. 발톱에 긁혀도 큰 문제는 없지만 소독을 잘 해야 합니다. 강아지도 발톱이 있으니 조심!

떨어지면 다쳐요

원숭이도 나무에서 떨어질 수 있어요
높은 데 올라 이리저리 뛰어다니며 원숭이 흉내를 낸다고요? 하지만 원숭이도 실수를 해요. 높은 데서는 균형을 잘 잡고 발밑을 자주자주 살펴요.

창밖으로 몸을 내밀면 안 돼요
창밖에서 누가 부른다고요? 나뭇가지에 무엇이 걸려 있다고요? 그렇다고 몸을 내밀면 균형을 잃고 바깥으로 떨어질 수 있어요. 방충망도 안전하지 않아요. 방충망에 기대면 절대 안 돼요.

어디에 올라설 때 주의하세요
높은 곳에 있는 물건을 꺼내려고 무엇을 딛고 올라선 적이 있죠? 이때 회전의자나 무너지기 쉬운 것을 딛고 올라선다면 어떻게 될까요?

머리는 특별히 조심!

어머니가 슈퍼마켓에 간 사이 아버지가 퇴근하고 집에 오셨네요.
그런데 다들 어디에 있을까요? 잠깐, 무슨 소리가 나는데요?

바깥 활동할 때, 여러분 잠깐만!

자연 탐험을 왔다고요?
엉뚱한 데로 갔다가 일행을 놓치면 길을 잃기 쉬워요. 인솔자 말을 잘 듣고 주의 사항을 기억하세요.

기우뚱? 미끄덩?
개울을 건널 때 발을 디디면 한쪽으로 기우는 돌이 많아요. 사람들이 일부러 다리로 놓은 돌이 아니기 때문이에요. 돌다리도 두들겨 보고 건너요.

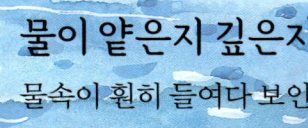

물이 얕은지 깊은지
물속이 훤히 들여다 보인다고 얕은 것은 아니에요. 물에 들어갈 때는 첨벙 뛰어들지 말고 얼마나 깊은지를 가늠하면서 한 발 한 발 걸어 들어가요.

랄랄라, 즐거운 등산
아무 준비 없이 산을 오른다면 산에 대한 예의가 아니에요. 적당한 옷에 운동화, 모자와 손수건 등을 잘 챙겨야 즐거운 등산이 됩니다.

심장을 놀라게 하면 안 돼요
물에 들어가기 전, 간단한 체조를 해요. 그런 다음 심장에서 먼 쪽부터 물에 담급니다.

친구와 함께 다녀요
산과 들에서도 그렇지만 물에 들어갈 때는 적어도 둘이 함께 들어가도록 해요. 혼자 들어가면 물에서 무슨 일이 생겼을 때 알려줄 사람이 없어요. 또 부모님이나 일행에게 자신이 어디서 놀고 있는지 말해 두세요.

응급 처치

눈에 뭐가 들어갔어요

눈을 자꾸 깜박이면 눈물이 나올 거예요.
눈에 들어간 잡티 등은 눈물로 씻어 낼 수 있어요.
그래도 아직 남아 있는 것 같으면 세면기에 깨끗한
물을 가득 담아 얼굴을 대고 눈을 깜박거려요.

넘어져서 무릎을 다쳤어요

우선 흐르는 물로 상처난 부위를 씻고
소독약으로 소독을 해요. 그러고 나서
반창고를 붙여요. 피가 많이 날 때는 좀 어려워요.
거즈로 상처를 꾹 눌러 피를 멈추게 해야 해요.
멍이 들었을 때는 얼음찜질을 하고 푹 쉬어요.

코피가 나요

의자에 똑바로 앉아 고개를 앞으로
숙인 다음, 콧방울을 손으로
만져 줍니다. 코를 막은 채
고개를 높이 드는 것은
적당한 처치가
아니에요.

귀에 뭐가 들어갔어요

작은 날벌레는 여러분의 귀를 아늑한 굴로
생각할지 몰라요. 이럴 때는 귀를 밝은 쪽으로
갖다 대거나 귀에 불빛을 비춰요. 날벌레는
밝은 빛을 좋아해서 귀 밖으로 나올 거예요.

구급상자

가시가 박혔어요
당황하지 말고 가시가 박힌 곳을 잘 보며 그 주변을 눌러요. 큰 가시는 **족집게**로 뽑아내고, 작은 가시는 투명 테이프를 붙였다 떼어 붙어 나오게 합니다.

벌에 쏘였거나 벌레에 물리면
벌에 쏘여 침이 박혔다면 카드 같은 것으로 피부를 밀어내듯 긁어서 침을 빼내요. 그런 다음 얼음찜질을 해요. 벌레에 물렸을 때도 얼음찜질이 효과가 있어요. 손으로 긁으면 상처가 덧납니다.

나쁜 습관 이제 그만!

치과와 양치질
이가 상해 치과에 가면 정말 고생이에요. "차라리 양치질을 열심히 할 걸." 하고 후회할 거예요.

100살까지 써야 할 눈
눈은 한 번 나빠지면 치료하기 힘들어요. 텔레비전 화면을 너무 가까이서 본다거나 직사광선처럼 밝은 빛을 쐬면 눈이 상해요.

6만 마리 세균
손에 있는 것만 6만 마리예요. 몸 전체에는 얼마나 더 많을까요? 밖에서 놀다 집에 오면 몸을 꼭 깨끗이 씻어요. 비누로 씻으면 웬만큼은 없어집니다.

불쌍한 귀신
귀신이 손톱이 긴 것은 손톱깎이가 없기 때문이래요. 여러분은 손톱깎이가 있죠?

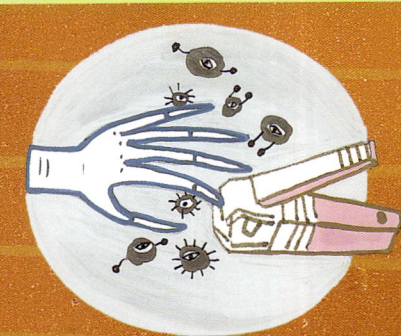

단추와 옷자락

단추가 아무리 많아도 잘 채우고 다니세요. 옷자락을 펄럭이며 단추를 풀고 다니다가 끔찍한 일을 당할 수도 있어요. 단정하지 않아서 보기에도 안 좋고, 바람이 옷 속에 들어와 추워요.

새우등

구부정한 자세로 의자에 앉아 있으면 등이 굽어요. 한 번 굽은 등은 잘 펴지지 않아요. 등이 굽으면 키도 작아져요. 그래도 괜찮을까요?

제발 콧구멍을 괴롭히지 마세요

더럽고 지저분해요. 나중에 병이 생길 수도 있어요. 그럼 병원에 가서 콧구멍을 너무 파서 왔다고 말해야 해요.

불이 났어요!

첫째, **당황하지 마세요!**
둘째, **침착해야 합니다!**
셋째, **울지 말고 무언가 행동을 해요!**

불을 낼 수 있는 것들
성냥과 라이터는 잘못하면 불을 낼 수 있어요. 가스통도 조심해요. 통 속에 불을 내는 가스가 들어 있거든요.

불이 붙었어요
불이 나면 얼른 집 밖으로 빠져나오세요. 그런 다음, 이웃에 알리든지, 119 안전신고센터에 신고하세요. 여러분이 직접 불을 끌 수 없습니다.

교통안전

집 밖을 나서면 사람들이 걷는 인도와 차들이 다니는 차도가 있어요. 목적지까지 가려면 인도와 차도를 번갈아 가야 합니다. 어떤 위험이 도사리고 있을까요? 어떻게 하면 안전하게 길을 다닐 수 있을까요? 지금부터 알아보아요.

낯선 사람이 말을 건넬 때

첫째, **경계를 해요!**
둘째, **소리를 질러요!**
셋째, **뛰어요!**

**뭔가 의심쩍은 사람과는
말을 주고받지 마세요**

말을 나누다 보면 자기도 모르게
경계하는 마음이 풀어지기 때문이에요.
물론 모두 다 나쁜 사람은 아니지만
그중에는 아이들을 해칠 사람도 끼어
있다는 것을 잊지 마세요.

**예쁘다고 칭찬하면서
어디 가자고 하면?**

절대로 따라가면 안 돼요. 친절한 척
미소 지으며 선물을 건네면 받지 말아요.
선물을 받으면 모르는 사람도 아는 사람
같은 기분이 들어 경계심이 없어져요.

아는 사람에게도 마음을 놓지 말아요

날마다 보는 사람, 가까운 친척이라고 해도 순간적으로 나쁜 마음을 품을 수 있어요. 누군가와 둘만 같이 있어야 할 때는 멀찍이 떨어져 앉아요. 방에 둘만 있을 때는 방문을 열어 두세요. 그리고 부모님께 자주 전화를 걸어 상황을 알리세요.

다섯 걸음 떨어져서 말해요

아이들은 어른에 비해 몸이 작아요. 힘센 어른이 강제로 아이의 팔을 잡아끌거나 주먹을 휘두르면 당할 수 밖에 없어요. 낯선 어른과는 다섯 걸음 정도 떨어져서 말하세요. 팔을 내두를 때 닿지 않을 만큼의 거리를 유지하세요.

집까지 안전하게

나 홀로 집에

똑똑하게 전화 받는 법

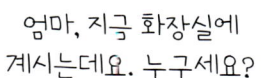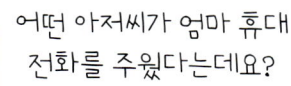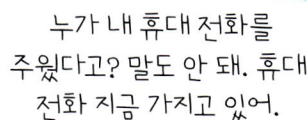

엄마, 아빠 손을 놓쳤어요

약속을 해요

사람이 붐비는 장소에 들어서기 전에 부모님과 약속을 해 둡시다. 이런 식으로요. "만약 서로 잃어버리게 되면 정문 앞 빨간 지붕 아이스크림 가게 앞에서 만나."

혼자 행동하지 마세요
화장실이나 매점에 갈 때
부모님께 먼저 말하세요.
안 그러면 부모님은 여러분이
잘 따라오는 줄 알고 그냥
돌아다니실 수 있지요.

분수대 앞이네?

어디에 있는지 살펴봐요
발을 떼기 전에 있던 장소가 어디인지
잘 살피세요. 그렇지 않으면 방향을 헷갈려
영 다른 길로 가게 됩니다.

약속 장소를 정하지 않았다면
부모님을 찾아다니지 말고 그 자리에 가만히 있어요.
혹시 가까이 상점이 있나요? 그곳에 가서 종업원들에게
도움을 청하세요. 종업원들은 여러분을 어떻게 도울지
잘 알고 있어요. 하루에도 몇 번씩 일어나는 일이니까요.

맞아, 여기서
만나기로 했지?
정문 앞 빨간 지붕
아이스크림 가게!

마음을 건강하게 가꾸어요

자연을 즐겨요

가까운 숲이나 공원에 가서 풀내음을 맡아요.
신선한 공기를 들이마시며 햇빛을 쬐어요.
새로 태어난 듯 몸과 마음이 행복해져요.

친구를 사귀어요

컴퓨터와는 얘기를 할 수 없지만 친구와는 얘기를
할 수 있어요. 울 수도 있고 웃을 수도 있어요.
친구는 내 마음을 건강하게 하는 데 꼭 필요한 존재입니다.

신 나게 놀아요

아이들은 놀기 위해 태어났어요.
그러니까 마음껏 놀아야 해요. 아이 때 충분히
놀지 않으면 어른이 되어 쉽게 우울해져요.

틈틈이 책을 읽어요

책 한 권을 읽는 것은 마음의 밭에 나무 한 그루를
심는 것과 같아요. 두 권을 읽으면 두 그루를 심은
것이죠. 당장은 우리가 어떤 나무를 심었는지,
얼마나 자랐는지 알 수 없어요. 하지만 십 년
이십 년 후에 우리 마음은 울창한 숲이 될 거예요.

안전 지킴이

우리 주위에서 우리의 안전을 살펴 주는 어른들이 있어요.
누구일까요? 어떤 일을 할까요? 함께 찾아볼까요?

119구조대원

언제 어디든
달려오는 119구조대원!
봐도 봐도 믿음직한
고마운 어른들!

교통경찰

차가 쌩쌩 다니는
길에서 우리를 지켜 주는
교통경찰 아저씨!
난 크면 교통경찰이 될 거예요.

아동안전지킴이집

길거리에서 누가 쫓아오면 이곳으로 피신해요. 여기는 안전해요.

소방관

소방관은 용감해요.
소방관은 무서운 불 속으로 뛰어들어 사람을 구해요.

학교보안관

교문 앞에서부터 우리를 살펴요. 공부할 때도, 뛰어놀 때도 우리를 살펴요.

★ 어른들만 보세요

집 안에서

거실·방

1. 가구를 놓을 때는 아이들의 동선을 생각해요. 아이들은 집 안에서도 대부분 뛰어다니기 때문에 가구 배치가 중요합니다. 모서리가 예리한 가구는 없는지도 점검하세요.
2. 아이가 어릴 때는 고리 장식이 많거나 홈이 파인 가구에 많이 다칩니다. 일어서다가 머리를 찧거나 여닫다가 손가락을 찧을 수 있어요. 미리 주의를 시키세요.
3. 냉장고나 세탁기처럼 들어가면 안 되는 곳을 미리 알려주세요. 인형이나 로봇 장난감을 넣고 보여 주는 것도 좋습니다.
4. 문이 잠길 수 있는 곳을 점검해요. 현관문이나 방문 여는 방법을 미리 알려 주세요. 문 여는 방법을 몰라 갇히기도 합니다.

주방

1. 전기밥통, 전기 주전자 등은 되도록 아이의 손이 닿지 않는 곳에 두어요.
2. 식탁 위에 뜨거운 음식이나 물을 두었을 때는 아이에게 알려 주세요. 무심코 만졌다가 화상을 입을 수 있어요.
3. 칼 조심은 습관화하도록! 부모님들이 먼저 모범을 보이세요. 채소나 과일을 자를 때는 도마 위에 놓고 잘라요. 다 쓰고 나서는 반드시 제자리! 칼이 다른 것들과 섞이면 누가 집다가 손을 다칠 수 있어요. 그리고 가급적이면 아이들 손이 안 닿는 곳에 두어요.

욕실

1. 세제, 의약품, 목욕 용품 등 먹으면 안 되는 물건을 알려 주세요.
2. 욕조의 물은 어린아이가 물에 빠져 위험하지 않을 정도로만 받으세요.
3. 드라이어 등 전기 제품을 사용한 후에는 플러그를 뽑아 치워 두어요. 젖은 손으로 플러그를 만지면 감전이 된다는 것도 미리 말해 두어요.

외출할 때

옷차림

1. 비 오는 날이나 눈 오는 날에는 밝은색 옷을 입히세요. 특히 눈 오는 날에 흰색 옷을 입으면 운전자들 눈에 잘 안 띄어 좋지 않아요.
2. 우산은 시야를 가리지 않는 투명한 것이 좋습니다. 아이들은 키가 작아 어른들에 비해 시야가 더 좁아요. 우산이 시야를 가리고 있다는 생각도 못합니다.
3. 아이가 챙이 있는 운동 모자를 쓰고 나가려고 하면 건널목에서 좌우를 잘 살피라고 일러두세요. 우산처럼 아이들은 모자의 챙 때문에 앞을 잘 보지 못한다는 것을 알지 못해요.

도로

1. 차가 많이 다니는 길에서는 아이의 손을 꼭 잡고 걸어요. 아이들은 얌전히 걷다가도 차도로 갑자기 뛰어드는 등의 충동적 행동을 종종 합니다.
2. 찻길 건너편에 있는 아이를 소리쳐 부르지 마세요. 엄마가 아이를 부르면 아이들은 반사적으로 엄마에게 뛰어옵니다. 차가 오는지 어떤지도 살피지 않아요. 이럴 때는 아이를 부르지 말고 엄마가 아이에게 가도록 합니다.
3. 차 사고가 나서 몸을 다친 아이들의 예를 수시로 말해 주어 경각심을 갖도록 하세요.
4. 차에 태우고 안에서 보이는 것과 보이지 않는 것을 확인시켜 주세요. 차 운전자들이 밖에 있는 아이를 못 볼 수도 있다는 것을 깨닫게 해요.
5. 학교에서 집으로 오는 길이나 아이가 자주 가는 길을 지도로 그려서 아이와 위험한 곳을 점검하세요. 횡단보도, 모퉁이, 혼잡한 사거리 등을 확인하고 아이들이 가 보고 싶어 하는 길을 함께 가 보아요. 아이들은 단순히 호기심 때문에 안 가 본 길, 후미진 길도 가곤 합니다.

유괴, 납치 등으로부터 아이를 보호하기 위해

1. 길에서 누군가 도움을 청할 수도 있다는 것을 말해 두어요. 그러나 그게 당장 아이가 도와야 할 일인지 아닌지 생각해 보라고 하세요. 아이를 가로막고 어디를 같이 가자고 하는 사람은 주의하라고 수시로 말해 주세요.
2. 어른이 팔을 잡아끌거나, 윽박지르면 무조건 달아나라고 말해 주어요. 이럴 때 아이들은 순간 당황해서 아무 말도 못하고 시키는 대로 합니다. 아이들을 데리고 종종 연습을 해 만일의 사태를 대비하세요.
3. 만일을 대비해 아이들의 친구나 학교, 학원 연락처를 알아두어요.
4. 위급 상황일 때 아이가 편하게 도움을 청할 수 있도록 자주 다니는 길목에 단골 가게를 만들어 두세요. 아이를 주인에게 인사시키고 혼자 드나들어도 낯설지 않도록 심부름을 시켜요.
5. 학교에 갔다 오면 학교에서 있었던 일이나 오가는 길에서 본 것들을 자연스럽게 얘기할 수 있도록 하세요. 경계해야 할 사람도 아이들은 그저 조금 이상하게 보고 지나칠 수 있습니다. 아이의 얘기를 듣고 추궁하거나 다그치지 말고 차분하게 위험한 것들을 말해 주세요.

6. 공중화장실에 같이 들어가지 못할 때는 "엄마(아빠)가 밖에서 기다리고 있을게."라고 크게 외치세요. 마음이 놓이지 않으면 아이가 볼일을 보는 동안 아이와 말을 나누세요. 공중화장실은 동성 간의 성추행이 이따금 일어나는 곳이므로 각별히 주의해야 합니다.
7. 수신자 부담 전화 거는 방법을 알려 주고 연습해 두어요.
8. 인터넷이나 전화로 접근하는 사람이 있는지 자주자주 살펴요.
9. 아무리 조심을 시켜도 아이들은 남의 말에 쉽게 속아 넘어간다는 사실을 기억하세요. 불미스런 일을 예방하려면 안전 수칙을 정하고 이를 외우게 해서 기계적으로 실행할 수 있도록 하는 것이 좋습니다. 수칙을 정할 때는 구체적이고 가시적인(표정이나 행동으로 판단하게 함) 사항들을 일일이 적으세요. 아래의 것들은 일반적인 수칙입니다.

- 가족이 아니면 절대로 따라가지 않기
- 친구와 친구 부모님이 탄 차가 아니면 다른 어른의 차에 타지 않기
- 집의 위치와 전화번호를 물으면 대답하지 않고 그 자리를 피하기
- 아이들과 함께 '왠지 수상쩍은 사람, 동행해도 좋을 사람, 믿을 수 있는 사람' 등의 목록을 만들어 적기
- 모르는 길로 다니지 않기
- 학교를 오갈 때는 아이들과 어울려 같이 다니기
- 아이들과 헤어져 혼자 집으로 걸어올 때는 어른들 틈에 섞여 걷기

안전과 관련된 말을 알려 주세요.

안전과 관련된 말을 알려 주면 아이들에게 안전이 사회적으로 중요하다는 것, 안전에 대해 사람들이 많이 조심하고 있다는 것을 간접적으로 일깨울 수 있습니다.

안전제일 : 안전이 가장 중요하다는 뜻으로 사람들의 경각심을 일깨우기 위해 만든 표어

안전 불감증 : 안전을 잘 살피지 않고 방심하는 태도. 설마 사고가 일어날까 하는 생각

안전띠 : 차나 비행기 등에서 사고가 날 경우 충격으로부터 몸을 보호하기 위해 허리를 의자에 고정하는 띠

안전모 : 공사장에서 머리를 보호하기 위해 쓰는 모자

안전사고 : 공장이나 공사장에서 방심을 하거나 안전 수칙을 지키지 않아 일어나는 사고

안전 교육 : 사고를 미리 대처하여 막는 법과 사고로부터 자기 몸을 지키는 방법 등을 배우는 것

안전 수칙 : 안전을 위해 지켜야 할 사항

★ 내가 만드는 안전 표식 ★

오려서 문고리에 걸어 두어요!

손 끼임 조심!

또 조심해야 할 것들은 없을까요?

미끄럼 조심!

차 조심!

불 조심!

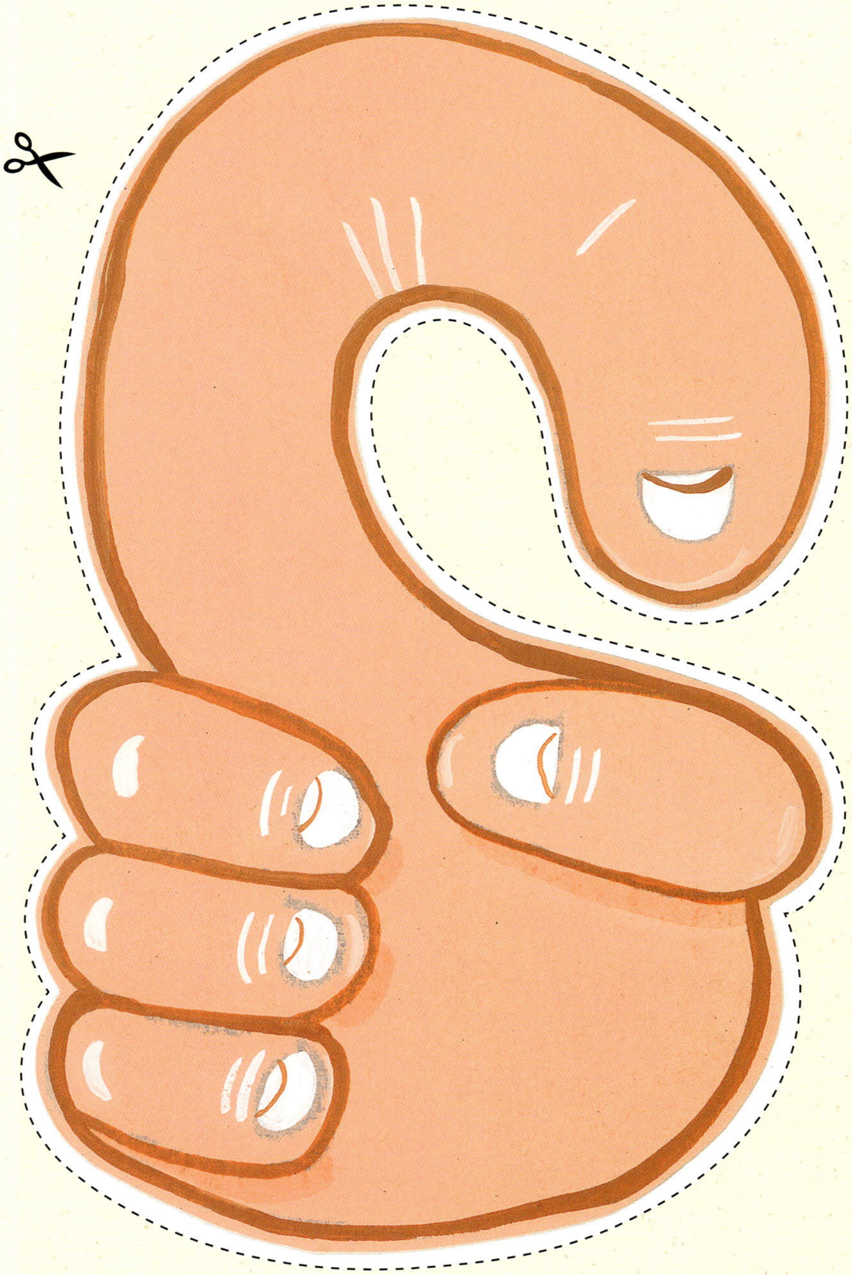

글 채인선 "안전은 사람이 살아가는 데 가장 기본이 되는 조건입니다. 안전하지 않은 곳에서는 책을 읽을 수도 없고 멋진 미래를 꿈꿀 수도 없습니다. 이 책이 길을 나서는 아이들에게 안전모와 같은 역할을 할 수 있다면 좋겠습니다."

1962년 강원도에서 태어나 성균관대학교 불어불문학과를 졸업했습니다. 지금까지 쓴 책으로는 《나는 나의 주인》《손 큰 할머니의 만두 만들기》《가족의 가족을 뭐라고 부르지?》《내 짝꿍 최영대》 《아빠 고르기》《시카고에 간 김파리》《아름다운 가치사전》《나의 첫 국어사전》 등이 있습니다.

그림 윤진현 "아이들은 예쁜 유리그릇 같습니다. 조금만 주의를 기울이지 않으면 쉽게 다치고 깨지지요. 이 책이 아이들을 위험으로부터 지켜 주는 안전 지킴이가 되길 바라며 정성껏 그림을 그렸습니다."

대학에서 일러스트를 공부한 뒤, 현재 어린이 책에 그림을 그리고 있습니다.
쓰고 그린 책으로는 《내 마음을 보여 줄까?》《고릴라 할머니》《내가 왕이야》가 있으며
그린 책으로는 《신기한 바다치과》《떴다! 지식탐험대-식물》 등이 있습니다.